Kunterbunt + Kinderleicht

Sabine Lohf

Der Winter ist schön!

GERSTENBERG

Sicherheitshinweis:
Kerzen nur in Anwesenheit eines Erwachsenen anzünden!

Idee, Konzept, Text, Fotos und Gestaltung: Sabine Lohf, Bad Nenndorf
Lektorat: Lena Groth, Hannover
Notenredaktion und -satz: Dipl.-Mus.-Päd. Kristina Filthaut, Wunstorf
Litho: PPP Pre Print Partner, Köln
Druck: DZS Grafik, Ljubljana
Printed in Slovenia

www.gerstenberg-verlag.de

ISBN 978-3-8369-6160-8

Der Winter ist schön!

Draußen wird es grau und kälter und immer öfter weht ein eisiger Wind. Dafür ist es drinnen warm und kuschelig. Bei Kerzenschein und selbst gebackenen Keksen machen wir es uns wie in einem Nest gemütlich. Wie mögen wohl die Tiere im Winter wohnen? Auf Seite 10/11 findest du das Haus von Familie Maus. Da geht es munter zu, denn sie hält keinen Winterschlaf. Ganz anders als der Bär auf Seite 13. Pst, nicht aufwecken!

Weihnachtsduft liegt in der Luft. Der Dezember schmeckt nach Lebkuchen und Marzipan, er duftet nach Orangen und Tannengrün und überall leuchten Kerzen. Wie möchtest du den Tannenbaum schmücken? Vielleicht bastelst du einen aus Pappe und probierst daran aus, was schön weihnachtlich aussieht. Schau einmal auf Seite 24/25 nach und lass dich inspirieren. Kekse und Co. kannst du auf einem kleinen Weihnachtsmarkt anbieten. Wie du ihn bastelst, steht auf Seite 31.

Kennst du das Märchen vom Sterntaler? Das Mädchen mit den vielen Sternen, die zu Gold werden, findest du auf Seite 35. In der Vorweihnachtszeit glitzern in den Häusern und an den Fenstern viele Sterne – goldene, silberne oder bunte. Sie alle wollen an den Stern erinnern, der über der Krippe zur Geburt des Jesuskindes erstrahlte. Möchtest du eine Krippe basteln, dann schau einmal auf Seite 39 nach.

Hurra, es schneit! Der erste Schnee ist immer ein großer Spaß. Alle Kinder kommen aus dem Haus zum Schneemannbauen oder Schlittenfahren. Auch eine wilde Schneeballschlacht gehört unbedingt dazu. In den Büschen und Bäumen verstecken sich überall kleine Schneemonster, so wie auf Seite 46/47. Wenn du mit offenen Augen durch die weiße Wunderwelt läufst, kannst du sie vielleicht entdecken. Und wenn es einmal gar nicht schneien will, dann kannst du Schneemänner auch ganz ohne Schnee bauen oder flauschige Schneeflocken basteln.

Brr, ist das kalt! Wenn es über Nacht friert, hängen dicke Eiszapfen von den Dachrinnen herab. Aus diesen Zapfen lassen sich geheimnisvolle Schlösser bauen. Vielleicht wohnt eine Eiskönigin darin oder die Prinzessin auf der Schlitterente. Ab Seite 56 findest du diese und noch mehr eisige Ideen.

An solchen kalten Wintertagen musst du dich allerdings dick einpacken. Auch der kleine Bär will nicht frieren: Auf Seite 68 steht, wie du ihn warm anziehen kannst. Da hat es ein Yeti schon viel besser. Er friert nämlich nie. Den Yeti und viele Winterspiele kannst du ab Seite 66 entdecken.

Viel Spaß in der Winterwunderwelt!

Inhalt

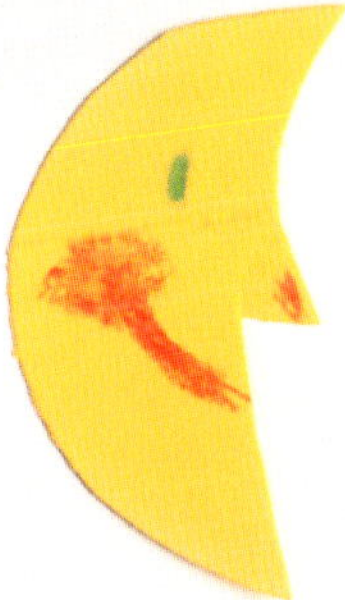

Draußen wird es kälter!

Oft ist es jetzt stürmisch, kalt und grau. Wie schön, wenn man es sich an solchen Tagen zu Hause so richtig gemütlich machen kann. Bei Kerzenschein und selbst gebackenen Plätzchen fühlt es sich an wie in einem kuscheligen Nest oder wie in einer Höhle, einer Bärenhöhle ...

Viele Tiere halten nun Winterschlaf in Höhlen oder unter Laubhaufen. Dort haben sie es bestimmt auch ganz bequem, was meinst du?

Hast du Lust, Winterquartiere, zum Beispiel aus Karton, für Mäuse, Igel oder Bären zu basteln? Oder hättest du vielleicht selbst gern ein kuscheliges Tier für die Winterzeit?

Wie du Vogelhäuschen bauen kannst und Vogelfutter selbst machst, steht auf Seite 14/15.

Dieser Igel ist noch auf der Suche nach einem Platz für den Winterschlaf.

Mäuse aus Wolle

Solche Mäuse kannst du schnell aus Wolle wickeln. Filzohren drannähen, Augen aufkleben, fertig ist die kleine Kuschel-Maus!

Leuchtende Häuser findest du auf Seite 17.

Alte Socken lassen sich mit wenig Aufwand in viele süße Tiere verwandeln.

Schlafender Bär

Oder gefällt dir der flauschige Bär besser? Auf der nächsten Seite steht, wie du ihn bastelst.

Auf den nächsten Seiten gibt es noch mehr Vorschläge, wie die kalte Jahreszeit so richtig gemütlich werden kann.

Warme, wollige Tiere

Aus Wollresten und Watte kannst du viele Knäuel wickeln und daraus Tiere gestalten. Du brauchst nur noch etwas Filz, eine Stopfnadel und eventuell kleine Perlen für Augen und Nase.

Ob Bär, Hase, Katze, Maus oder ein anderes Lieblingstier: Fast alles ist möglich.

Gar nicht schwer, so ein Bär!

Forme aus Watte zwei Knäuel für Körper und Kopf und umwickele diese mit Wolle.

Zwei kleine Knäuel werden die Ohren. Nähe alle Teile mit einer Stopfnadel zusammen.

Für Arme und Beine längere Knäuel und für das Maul ein ganz kleines Knäuel aus hellerer Wolle wickeln.

Alle Teile zusammennähen, Nase und Mund aufsticken, Knopfaugen annähen. Fertig ist der Bär.

Tipp

Du kannst Ohren, Arme und Beine auch aus Filz ausschneiden. Nimm einfach das, was du in deiner Bastelkiste findest.

Schön kuschelig!

Aus Wollknäuel lassen sich auch niedliche Katzen wickeln. Und falls du noch einen großen Kater brauchst, eignet sich dafür prima eine einzelne Wollsocke, die ihren Sockenpartner verloren hat.

Kleiner Eisbär

Aus weißem Plüschfell Kopf, Körper und Arme ausschneiden und alles auf ein Stück Stoff oder Filz kleben oder nähen. Zwei Knopfaugen und eine Perlennase annähen und noch den Mund aufsticken.

Kleine Knäuel-Katze

Zwei gewickelte größere Knäuel werden Kopf und Körper mitsamt Schwanz, zwei kleinere die Pfoten. Dann brauchst du noch Ohren aus Filz. Alle Teile zusammennähen. Miau!

Coole Socke!

Für diesen Kater stopfst du zunächst den vorderen Teil des Fußes mit Watte aus. Dann fädelst du einen Wollfaden auf eine Stopfnadel und nähst unterhalb des Kopfes diesen Teil der Socke so zusammen, dass die Watte nicht verrutschen kann.

Nun stopfst du den Rest der Socke bis zur Ferse aus. Das wird der Körper. Ist der Körper dick genug, nähst du auch diesen Teil zu. Für den Schwanz rollst du den Rest der Socke einfach auf und nähst ihn der Länge nach zusammen.

Aus Filz Ohren und Pfoten zuschneiden und festnähen. Zwei Knopfaugen annähen, ein Maul aufsticken und Barthaare aus Wolle annähen.

Tipp

Probier mal aus, wie warm dir wird, wenn du das kuschelige Fell deiner Tierchen streichelst!

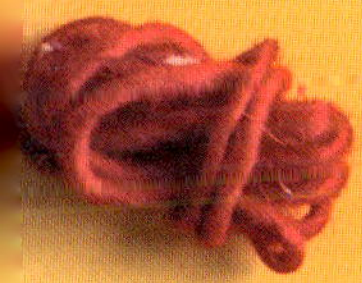

Bei Familie Maus zu Haus!

Bei Familie Maus ist es bestimmt super gemütlich. Vielleicht haben Mäuse ja sogar kleine Betten. Hast du Lust, solch eine Mäusewohnung zu basteln?

Als Erstes brauchst du natürlich ein paar kleine Filzmäuse.

Kleine Filzmäuse

Für die Köpfe schneidest du aus Filz jeweils einen Dreiviertelkreis aus. An den geraden Kanten zusammenkleben und mit einer Klammer fixieren, bis der Klebstoff getrocknet ist. Für die Kleider brauchst du Halbkreise aus Filz. Diese klebst du an den Kanten wie eine Tüte zusammen und fixierst die Klebestellen wieder mit einer Klammer.

Nun fehlen noch Ohren, Arme und Beine aus Filz. Zuerst klebst du die Ohren an den Kopf, dann den Kopf an das Kleid, und zum Schluss werden die Arme und Beine festgeklebt. Mit einem schwarzen Filzstift Augen aufmalen und eine kleine Perle als Nase festkleben.

Nett im Bett

Aus einer kleinen Pappschachtel kannst du mit einem Cutter (bitte von einem Erwachsenen helfen lassen!) ein Bett ausschneiden. Aus Stoffresten schneidest du Kissen und Decken zurecht und deckst die Maus gut zu. Träum schön, kleine Maus!

So sieht's aus im Mäusehaus

Die kleinen Mäuse wohnen hier in einem Pappkarton, mit kleinen Schachteln als Zimmern. Wie viele Zimmer dein Mäusehaus haben soll, entscheidest du selbst, je nachdem, wie groß deine Mäusefamilie ist. Achtung, fertig, losgebaut!

Die Einrichtung

Treppen kannst du einfach aus Holzstäbchen kleben. Oder du faltest eine Treppe aus einem Pappstreifen wie eine Ziehharmonika und klebst sie an die passende Stelle.

Aus festem Tonkarton lassen sich prima kleine Tische oder Betten falten. Die Lampe hängt an einem Faden von der Decke. Sie ist aus Tonpapier ausgeschnitten und zusammengeklebt. Türen und Fenster bestehen ebenfalls aus Tonpapier.

Wenn du ein paar trockene Zweige hinter das Haus klebst, sieht alles noch echter aus. In einer Vorratskammer sammeln die Mäuse vielleicht getrocknete Hagebutten und Nüsse. Fallen dir noch weitere Dinge ein, mit denen du das Haus verschönern kannst?

Tiere suchen ein Zuhause

Wo sollen diese Tiere wohnen? Nachdem du sie gebastelt hast, freuen sie sich bestimmt über ein gemütliches Quartier. Das kannst du einfach auf ein großes Blatt Papier malen. Wie wäre es mit einem Nest für die Vögel, einer Höhle für den Fuchs und einem verschneiten Winterwald für das Rentier?

Rentier

Zwei Korken so wie hier zusammenkleben, vier Streichhölzer als Beine hineinstecken, ein Maul aufmalen, eine rote Perle als Nase auf das Maul kleben, Ohren und Augen aus Papier ankleben. Fehlen noch Zweige, die du als Geweih oben in den Kopf steckst. Dafür eventuell vorher zwei Löcher mit einem Nagel oder der Spitze einer Schere vorbohren.

Vögel

Aus schwarzem oder farbigem Tonkarton schneidest du so viele Vögel aus, wie du möchtest. Hinter die Körper klebst du je eine Klammer. Schnabel und Füße ankleben, dann kannst du die Vogelschar auf einen kahlen Zweig klammern und diesen bei dir zu Hause aufstellen.

Fuchs

Eine leere Klorolle mit einem passenden Streifen orangefarbenem Tonpapier bekleben. Die Spitze einer Eierpappe aus einem Eierkarton herausschneiden und in die eine Öffnung der Klorolle kleben. Aus Tonkarton vier Beine und zwei Ohren ausschneiden und mit Kleber am Körper befestigen. Die Augen aufmalen.

Jetzt fehlt nur noch ein buschiger Schwanz aus Märchenwolle. Wohin des Weges, Herr Fuchs?

Vielleicht möchte er den Winter ebenfalls in der warmen Bärenhöhle verbringen. Was meinst du?

Pst! Hier schläft ein Bär!

Aus einem leeren Karton und einer Pappe lässt sich ruckzuck eine Bärenhöhle bauen. Und auf ein weiteres Stück Pappe kannst du den schlafenden Bären zeichnen und dann ausschneiden.

Aus dem Stück Pappe, welches etwas größer sein sollte als der Karton, reißt du so wie hier ein Loch als Eingang zur Bärenhöhle. Die seitlichen Kanten des Kartons mit Klebstoff bestreichen und die Pappe dort aufkleben.

Zuerst Kopf und Körper des Bären aufmalen und ausschneiden. Im zweiten Schritt Ohren, Schnauze und Pfoten ausschneiden und aufkleben. Nun das Tier mit Buntstiften, Filzstiften oder anderen Farben bemalen.

Hinter den Bären einen Pappstreifen kleben. Wenn du unten ein Stück abknickst, kannst du den Bären in die Höhle stellen.

Tipp

Auf diese Weise kannst du viele verschiedene Höhlen und Behausungen für eine Vielzahl von Tieren basteln. Zusätzlich kannst du deine Höhlen mit Steinen oder kleinen Zweigen ausschmücken. Lass deiner Fantasie freien Lauf!

Villa Vogel

Ein kleines Futterhäuschen ist aus einem leeren, stabilen Karton und Holz-Eisstäbchen schnell gebaut. Die Eisstäbchen gibt es im Bastelgeschäft.

So wird es gemacht:

Prima ist ein Karton mit Faltdeckel, denn den kannst du gleich wie ein Dach falten …

… und mit einem Paketklebestreifen festkleben. Außerdem mit dem Cutter in die Rückseite des Kartons eine Öffnung einschneiden. Bitte von einem Erwachsenen dabei helfen lassen!

Nun das Haus ringsherum und auf dem Dach mit den Holzstäbchen bekleben. Dafür am besten Bastelleim verwenden.

Sind die Stäbchen zu lang, lassen sie sich gut mit einer Schere auf die passende Länge kürzen. Das fertig beklebte Haus mit wasserfesten Farben anmalen und die Farbe trocknen lassen. Zwei bemalte Holzwäscheklammern dienen den Vögeln als Landeplatz. Einfach auf den Pappboden klammern.

Durch das Dach eine Schnur zum Aufhängen fädeln und verknoten. In das Häuschen eine Schale (hier ein Dosendeckel) stellen und mit Futter füllen. Bist du auch schon gespannt, wer die Villa Vogel besucht?

Vögel füttern

Im Winter freuen sich die Vögel über jede Extraportion Futter. Das kannst du prima selbst herstellen. Wie das geht, verrät dir das Rezept unten.

Wie du ganz verschiedene Vögel basteln kannst, ist auf Seite 12 beschrieben. Auf den Vogelkörper kannst du zusätzlich Flügel aus Filz oder Federn kleben.

Zweig mit Apfel

Du kannst einen Apfel auf ein langes Holzstäbchen spießen und mit Paketschnur an einer schönen Astgabel festbinden. Das Ganze draußen vor deinem Fenster aufhängen. Na, welche Vogelart kommt zuerst zum Naschen?

Futter in Förmchen

Ausstechförmchen kannst du gut mit selbst gemachtem Futter füllen. Hier das Rezept.

200 g Kokosfett erwärmen, bis es flüssig ist. Ein Backblech mit Alufolie auslegen und Ausstechförmchen darauf verteilen. Hirsesamen, Sonnenblumenkerne, Kürbiskerne, Haferflocken etwa fünf Millimeter hoch in die Förmchen füllen. Nun entweder ein Stück Paketband mit hineinlegen oder bereits vorher um das Förmchen binden.

Das Fett hineingießen und abkühlen lassen. Die erkaltete Masse aus der Form lösen und aufhängen oder einfach die ganze Form aufhängen.

Schöner Schein

Kerzenlicht ist so gemütlich, wenn es draußen dämmert. Aus Holzstücken, Äpfeln, Orangen und mehr kannst du dir wunderschöne Lieblingskerzenhalter basteln.

Apfelleuchter Nr. 1

Bei diesem Leuchter (unten) eine dünne, etwa 18 Zentimeter lange Holzleiste zwischen den Äpfeln befestigen. Dafür vorher ein kleines Loch durch die Mitte der Leiste bohren, so dass später der Zahnstocher hindurchpasst. Den Kopf mit trockenen Blütenständen und einer Apfelscheibe versehen, auf der dann die Kerze mit einem Zahnstocher festgesteckt wird.

Einen Mund in das Gesicht schnitzen, eine Eichelnase ankleben und Gewürznelken als Augen hineinstecken.

Stell den Apfel wie hier in einen kleinen Blumentopf, dann steht er besser.

Apfelleuchter Nr. 2

Für diesen schönen Leuchter steckst du zunächst einmal zwei Äpfel mit einem Zahnstocher zusammen. Der obere Apfel ist der Kopf, der untere der Körper. Um diesen wickelst du ein Kleid aus einem Streifen Krepppapier, den du unterhalb des Kopfes mit einem Bindfaden festbindest. Wenn du magst, kannst du das Kleid noch etwas verzieren.

Engelshaar an den oberen Apfel kleben, ein Gesicht aufmalen und einen Kerzenhalter in den Apfel piken. Eine Kerze hineinstellen und in der Dämmerung anzünden.

Lucia

Die Lichterfee trägt einen grünen Kranz mit vier Kerzen. Hier besteht er ganz einfach aus einer grünen Holzleiste.

Leuchtende Stadt

Diese Stadt ist aus weißem Tonkarton gefaltet und mit Mustern versehen, die besonders schön wirken, wenn sie von hinten beleuchtet werden. Das kannst du mit einer Lichterkette oder mit Teelichten in der Dämmerung ausprobieren.

Schneide aus Tonkarton Rechtecke und Quadrate in verschiedenen Größen zu.

Dann faltest du die Papiere am besten in der Mitte, so haben sie später einen guten Stand.

Lege die Papiere nun offen oder gefaltet auf eine feste Unterlage und schneide mit dem Cutter (Achtung! Bitte helfen lassen!) verschiedene Muster hinein, wie zum Beispiel Dreiecke oder kleine Fenster und Türen. Dabei immer eine Seite stehen lassen und als Fensterladen nach außen aufklappen. Rechteckige Dachzinnen als Streifen in die Kante schneiden und dann die Flächen abwechselnd nach außen und innen biegen.

Du kannst die Fenster von der Rückseite mit Transparentpapier bekleben.

Außerdem passen Türme aus leeren Haushaltsrollen, mit weißem Papier beklebt, mit Mustern bemalt und mit Kuppeln aus Christbaumkugeln oder Tannenbaumspitzen gut zu so einer weißen Stadt.

A, a, a, der Winter, der ist da!

Melodie: Volksweise
Text: August Heinrich Hoffmann von Fallersleben

2. E, e, e, er bringt uns Eis und Schnee,
malt uns gar zum Zeitvertreiben
Blumen an die Fensterscheiben.
E, e, e, er bringt uns Eis und Schnee!

3. I, i, i, vergiss die Armen nie!
Wenn du liegst in warmen Kissen,
denk an die, die frieren müssen.
I, i, i, vergiss die Armen nie!

4. O, o, o, wie sind wir Kinder froh!
Sehen jede Nacht im Traume
uns schon unterm Weihnachtsbaume.
O, o, o, wie sind wir Kinder froh!

5. U, u, u, jetzt weiß ich, was ich tu!
Hol den Schlitten aus dem Keller,
und dann fahr ich immer schneller.
U, u, u, jetzt weiß ich, was ich tu!

Tipp

Versuch doch einmal, die Buchstaben A, E, I, O, U aus lauter weißen Punkten zu „schreiben".

Eine Pinselspitze in weiße Farbe tauchen, ein Blatt blaues Papier bereitlegen, und los geht es!

Schneeflöckchen im Fenster

Für so ein Fensterbild brauchst du selbstklebende Klarsichtfolie oder Transparentpapier, Klebstoff und Wollreste. Zuerst schneidest du dir die Fäden zurecht und legst dir daraus ein Bild, zum Beispiel das eines Schneemanns oder auch viele verschiedene Schneesterne und -flocken. Wenn dir das Bild gefällt, dann klebst du es auf die klebende Seite der Folie oder mit Klebstoff auf das Transparentpapier. Hast du dich für Klebefolie entschieden, dann wird die Rückseite des Bildes mit einem gleich großen Stück Folie beklebt. Durch das Bild oben mit einer Nadel einen Faden zum Aufhängen ziehen.

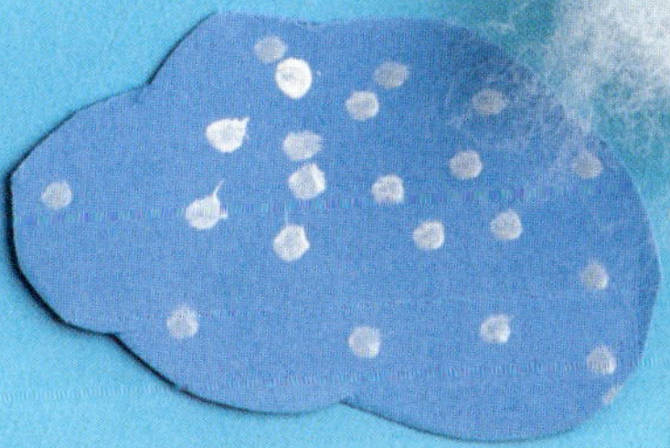

Winterbild-Collage

Hast du schon einmal eine Collage geklebt? Das bedeutet, dass du auf einen gemalten Untergrund zum Beispiel aus Papier oder Folie ausgeschnittene Motive klebst. Wie wäre es mit so einer Schneekönigin auf ihrem Schlitten? Sie trägt Engelshaar und eine Krone aus Goldpapier. Der Schweif und die Mähne des Pferdes sind aus Lametta.

Weihnachtsduft liegt in der Luft

Ein Duft von Tannengrün, Kerzen, Orangen und frisch gebackenen Plätzchen liegt in der Luft, denn bald ist Weihnachten. Vielleicht möchtest du dir schon einmal einen kleinen duftenden Tannenbaum basteln und schmücken? Oder wie wäre es mit einem kleinen Honigkuchenhaus, Herzen aus Marzipan oder einem Nikolaussack?

Mit Nüssen lassen sich ebenfalls schöne Dinge basteln. Schau einfach einmal, was dir gefällt.

So ein Rentier aus zwei aufgeklebten Walnussschalenhälften sieht auf einer selbst gemachten Weihnachtskarte sehr hübsch aus.

Schneide Tannenzweige so zurecht, dass du aus den unterschiedlich langen Zweigen ein Bäumchen auf eine lange Zimtstange kleben kannst. Damit der Baum auch steht, klebst du ihn zwischen zwei gleich große dicke Pappstücke. Nun den Weihnachtsbaum noch festlich schmücken, zum Beispiel wie hier mit bunten Knöpfen.

Hallo, Haselnuss-Hasen! Mithilfe von Knete, Filz und einem Filzstift verwandeln sich Haselnüsse schnell in niedliche Langohren.

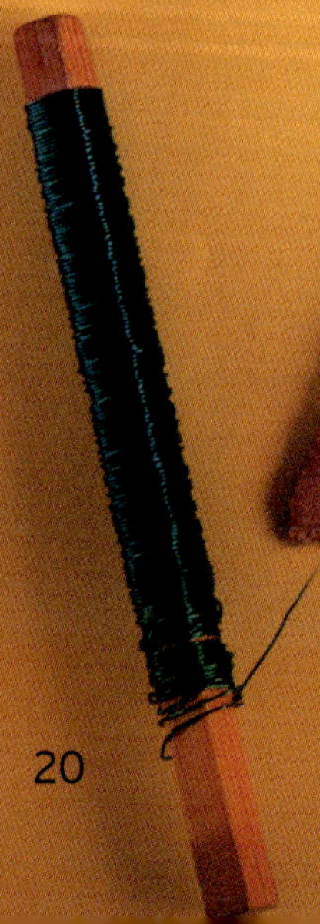

Für diese Leckerei musst du noch nicht einmal backen können. Mit einem Nudelholz walzt du Marzipanrohmasse auf einer geeigneten Unterlage zu einer etwa 1,5 Zentimeter hohen Fläche. Mit Backförmchen Herzen oder andere Formen ausstechen.

Von einem gekauften Honigkuchen zwei Scheiben abschneiden und eine davon als Dreieck zuschneiden. Auf einen farbigen Karton kleben oder legen. Mit Sukkade, Liebesperlen und Watterauch verzieren.

Aus einem Pfeifenreiniger kannst du dir einen kleinen Baum biegen und ihn in einen Korken stecken. Rote Perlen sind die Weihnachtskugeln.

Aus Jute einen kleinen Sack nähen, aus Filz alle Teile für einen Nikolaus ausschneiden und auf das Säckchen kleben. Den Wattebart nicht vergessen, bevor du den Sack am Nikolaustag vor deine Tür stellst.

Apfelsinen-Allerlei

Der Duft von Orangen gehört einfach zum Winter. Sie sind nicht nur gesund und beugen Erkältungen vor, sondern lassen sich auch trocknen und behalten, zum Beispiel auf einer Schnur aufgefädelt, lange ihren Duft.

Mond und Sterne

Wenn deine Eltern dir eine Orange schälen, dann bitte sie, die Schalen nicht wegzuwerfen. Mit Ausstechförmchen kannst du nämlich die Orangenschale in schöne Formen bringen. Du kannst die Sterne, Herzen und Monde aus Orangenschalen mit Fäden versehen und an eine Duftkette hängen oder sogar den Tannenbaum damit schmücken.

Duftkette

Für so eine Kette brauchst du eine lange Schnur, eine Stopfnadel und getrocknete Orangenscheiben. Auch getrocknete Apfelscheiben, Zimtstangen, Nüsse oder Zapfen sind aufgefädelt eine schöne winterliche Dekoration für dein Zimmer.

Schneemann und Vogel

Für den Schneemann steckst du zwei Orangen mit einem Zahnstocher zusammen. Die Nase ist hier aus einem Stück Pfeifenreiniger. Du kannst sie aber auch aus Papier ausschneiden. Zwei Zimtstangen stecken als Arme im Körper. Die Augen mit Filzstift aufmalen. Für den Hut einen Kreis als Krempe und einen Streifen aus Tonkarton ausschneiden. Den Streifen aufrollen und den unteren Rand in Abständen von etwa 1 Zentimeter einschneiden. Die Flächen nach innen biegen, mit Klebstoff bestreichen und auf den Kreis kleben.

Für den Orangenvogel seitlich in die Orangenschale Dreiecke schneiden und als Flügel nach außen biegen. Unter den Vogel Füße aus Pfeifenreinigern kleben. Zwei kleine Tonkarton-Dreiecke als Schnabel in die Orange stecken. Vorher einen Schlitz dafür in die Schale schneiden.

Wackelohr-Orange

Diese Orange wackelt mit den Ohren, wenn du an der Zunge ziehst!

Schneide diese Teile aus zwei Orangenschalenhälften zu. In eine Hälfte Augen, Nase, Mund und seitlich zwei Schlitze schneiden. Aus der anderen Hälfte schneidest du zwei Ohren und die Zunge aus.

Stecke die Ohren durch die seitlichen Schlitze und die Zunge mit der weißen Seite nach außen durch den Mund. Verbinde Ohren und Zunge mit einem Zahnstocher.

Oh, Tannenbaum!

Diese Tannenbäume nadeln nicht und du kannst sie vor allem selber basteln. Wie groß sie werden sollen, entscheidest du. Den gestickten Baum kannst du als Weihnachtspost verschicken, ebenso die hübsch verpackten Nadeln eines echten Tannenzweiges.

Gefilzt

Für diesen Baum brauchst du einen Ast (unten ganz gerade schneiden!), ein Dreieck aus fester Pappe und ein rundes Stück Holz oder dicke runde Pappe. Darauf klebst du den Ast. Bemale das Dreieck mit grüner Farbe. Gut trocknen lassen. Klebe es dann auf den Ast. Wenn du magst, kannst du den Baum noch mit grüner Filzwolle bekleben. Zum Schluss schmückst du den Baum mit bunten Holzperlen.

Gestickt

Mit einem Wollfaden und einer dicken Stopfnadel kannst du eine Tanne auf Karton oder festes Papier sticken. Zuerst die Form mit einem Bleistift vorzeichnen, danach die Löcher mit der Nadel vorbohren, durch die du sticken möchtet.

Verpackt

In diesem Teefilter verbirgt sich weihnachtlicher Tannenduft zum Verschenken. Bemale den Beutel mit kleinen Tannen, schreibe noch einen Gruß an den Empfänger darauf, befülle den Beutel mit Tannennadeln und binde ihn mit einem schönen Schleifenband zu.

Geschmückt

Diesen Baum aus fester Pappe gestaltest du am besten gemeinsam mit einem Erwachsenen. Er kann sehr groß werden, je nachdem, wie viel Pappe du zur Verfügung hast. Dieser Baum hier ist über einen Meter groß.

Die Form mit dem Cutter ausschneiden und grün anmalen. Den Stamm unten braun anmalen.

Ist die Farbe getrocknet, mit dem Cutter Sterne ausschneiden und von der Rückseite mit farbigem Transparentpapier bekleben.

Eine Lichterkette mit etwa 20 Birnen nehmen und von hinten Löcher durch die Pappe stechen –, so groß, dass die kleinen Lämpchen gerade so hindurchpassen, aber nicht durchrutschen.

Vorn und hinten an den Baumstamm Pappe im rechten Winkel ankleben. Dafür das Pappstück einen Zentimeter umbiegen und diese Fläche mittig an den Stamm kleben. Auf der Rückseite gehst du genauso vor. So kann der Baum stehen. Man kann ihn auch einfach gegen eine Wand lehnen.

Nun kannst du den Baum noch weiter schmücken. Zum Beispiel mit Knöpfen, die du mit Stecknadeln in die Pappe steckst, oder mit Lametta.

Wenn es draußen dunkel wird, schaltest du die Lichterkette an. Wie festlich das aussieht!

Rund um das Weihnachtsfest

Brauchst du noch ein paar schöne selbst gemachte Dinge, mit denen du kleine Bäumchen oder Adventskränze schmücken kannst? Oder kleine Geschenke? Vielleicht ist bei diesen Mini-Basteleien ja etwas dabei, was dir gut gefällt. Wie wäre es mit dem Nusswichtel oder der kleinen Krippe aus Korken?

Elch, Zwerg, Schneemann: Für diese lustigen Figuren malst du Erdnüsse an. Das Rentier bekommt noch ein Geweih aus Goldpapier.

Für den Klammerengel einer Holzwäscheklammer ein Gesicht aufmalen, ein Kleid aus weißem Krepppapier um die Figur wickeln und zwei Federn als Flügel ankleben.

Wäscheklammer weiß anmalen, Tonkarton-Gänsekopf ausschneiden, Rand abknicken und unten ankleben. Feder nicht vergessen!

Zwei Nüsse mit Klebstoff und einem Schal aus Knete zusammenkleben. Mütze aus Krepppapier, Nase und Schuhe aus Knete ankleben und Streichholzarme in die Figur stecken.

Vom Himmel hoch! Hier sind gerade zwei Figuren aus Holzwäscheklammern in einem verschneiten Busch gelandet. Die Klammer bemalen oder mit einem Kleid aus Krepppapier einwickeln. Haare aus Wolle oder eine kleine Mütze aus einem Stück Filz ankleben. Flügel aus Federn nicht vergessen. Auf diese Weise kannst du eine ganze Engelschar gestalten und alle in den Weihnachtsbaum klammern.

Für den Fächerstern faltest du mehrere gleich breite Papierstreifen jeweils wie eine Ziehharmonika. Die klebst du an den geraden Kanten aneinander und ziehst am oberen Rand mithilfe einer Nadel einen Faden durch. Die Fadenenden eng verknoten und den Fächer ausbreiten. Die geraden Kanten wieder zusammenkleben.

Und so bastelst du die Minikrippe: Zwei Champagnerkorken mit Filz bekleben, Gesichter aufmalen. Das kleine Jesuskind liegt auf einem halben Korken als Krippe. Für den Körper ein weißes Stück Filz aufrollen, zwei Streichhölzer als Arme hineinstecken, eine Perle als Kopf ankleben und einen kleinen goldenen Kreis hinter den Kopf kleben.

Rentiere, Nusszwerge und mehr

Rentiere und Nüsse sind aus der Winter- und Weihnachtszeit nicht wegzudenken. Hier sind ein paar Beispiele für einfach zu bastelnde Rentiere. Etwas kleiner, aber nicht weniger niedlich sind die Zwerge und Mäuse. Vielleicht fängst du damit an?

Ein Rentier für den Tannenbaum

Drei Eisstäbchen aus Holz so wie hier übereinanderkleben, zwei blaue Perlen als Augen und eine dickere rote Perle als Nase ankleben, Streichhölzer als Geweih. Fertig!

Rudi, geschraubt und geklebt

Zwei Holzstücke aufeinanderkleben, oben in den Kopf zwei Schraubhaken drehen. Unten vier Schrauben als Beine in den Körper drehen, sodass Rudi stehen kann.

Ohren und Augen aus Papier ausschneiden und ankleben, eine Holzperle als Nase mit etwas Kleber befestigen und einen Mund mit Filzstift aufmalen.

Rentier für den Hauseingang

Einen Pappkarton mit rotem Krepppapier umwickeln. Eine Packpapiertüte mit geknülltem Papier ausstopfen und auf den Karton kleben oder stellen. Zweige als Geweih oben in die Tüte stecken, zwei Augen aus Knöpfen und eine dicke rote Perle oder Wattekugel als Nase ankleben.

Rentier-Collage

Ein Rentier aus Packpapier ausschneiden und auf ein Blatt Papier kleben. Gepresste Eichenblätter als Geweih aufkleben und eine rote Nase aus einem Wollknäuel oder geknülltem rotem Papier aufkleben. Das ist doch ein schönes Geschenk, oder?

Nüsse lassen sich prima bemalen oder zu Tieren zusammenkleben.

Die Erdnusszwerge sind schnell bemalt und tragen einen Wattebart.

Walnussschalenhälften mit Goldspray besprühen, je zwei Ohren aus Filz und lange Wollschwänze ankleben.

Die Schale einer halben ausgepressten Orange plus vier Erdnüsse ergibt eine Schildkröte.

Hier reitet eine Erdnusskarawane durch die Wüste. Die Köpfe der Kamele wie zu sehen zusammenkleben. In je eine Kartoffel vier Zahnstocher stecken, die Köpfe an den Kartoffeln mithilfe von Stecknadeln befestigen. Kleine Filzdecken auf die Rücken der Kamele kleben. Für jeden Reiter eine Erdnuss mit Stoff umwickeln und auf die Kamele stecken.

Backe, backe Kuchen

Melodie und Text: Volksweise

Tipp

Wie wäre es mit kleinen Fantasiekuchen? Du kannst sie in Backförmchen aus Papier oder aus Knete gestalten. Und vielleicht dienen sie später einmal als Vorlage für echten Kuchen oder Kekse. Du kannst deine Fantasiekuchen auf ein Backblech legen und damit Weihnachtsbäckerei spielen.

Kleiner Weihnachtsmarkt

Für diesen kleinen Marktstand nimmst du am besten einen leeren Karton, den du in der Mitte aufklappen kannst.

Die obere Hälfte wird die Markise, die untere Hälfte knickst du nach vorn und klebst die Kanten mit Klebestreifen an den Kartonseiten fest. Auf den umgeknickten Streifen die Innenteile von Streichholzschachteln kleben. Oben die Markise von beiden Seiten zuerst mit weißem Papier, dann mit roten Streifen bekleben. Für den Marktmann umwickele eine Klorolle mit Buntpapier, klebe eine Wattekugel als Kopf darauf und schneide eine Papiermütze aus. Dann rollst du aus Buntpapier zwei Arme und klebst sie am Körper fest.

Nun muss dein Marktstand noch geschmückt werden. Du kannst zum Beispiel Lebkuchenherzen an Schnüren aufhängen und die Schachteln mit Süßigkeiten füllen.

Na, wer geht bei dir einkaufen?

Vom Himmel hoch …

… da kommen sie her! All diese Sterne lassen sich im Handumdrehen gestalten. Mit welchem möchtest du beginnen? Oder wie wäre es mit einem Engel, Sterntaler oder sogar einem ganzen Sternenregen wie an Silvester?

Ein kuscheliger, aus Filz genähter Schweifstern mit einem Schweif aus Märchenwolle

Sonne, Mond und Sterne sind aus Modelliermasse, die an der Luft trocknet. Du kannst sie bemalen und mit einem Faden zum Aufhängen versehen. Die Sonnenstrahlen bestehen aus Tonpapier oder Strohhalmen.

Ein Engel mit Lamettahaaren zum Aufstellen: Aus fester Pappe ausschneiden, anmalen, Haare ankleben, Arme und Beine anklammern. Unten Schuhe aus Knete an die Klammern drücken, damit der Engel auch gut stehen kann.

Wie du Papiersterne bastelst, steht auf der nächsten Seite.

Die Anleitung für Sterntaler findest du auf der rechten Seite.

So viele Sterne

Sie regnen auf Sterntaler, sie zeigen sich als Schweifstern über der Krippe und sie sind ein schöner Tannenbaumschmuck. Du kannst sie aus Goldpapier, Buntpapier oder aus einfachem weißem Papier falten und zuschneiden.

Schweifstern

Aus einem Stück Pappe einen etwa 25 Zentimeter großen Stern ausschneiden. Das geht am besten mit einem Cutter und der Hilfe eines Erwachsenen. Den Stern mit Goldfarbe einsprühen und als Schweif goldene Pfeifenreiniger seitlich hinter den Stern kleben.

1 Das Quadrat in den Diagonalen falten und wieder öffnen. Die Ecken mit den Punkten aufeinanderfalten.

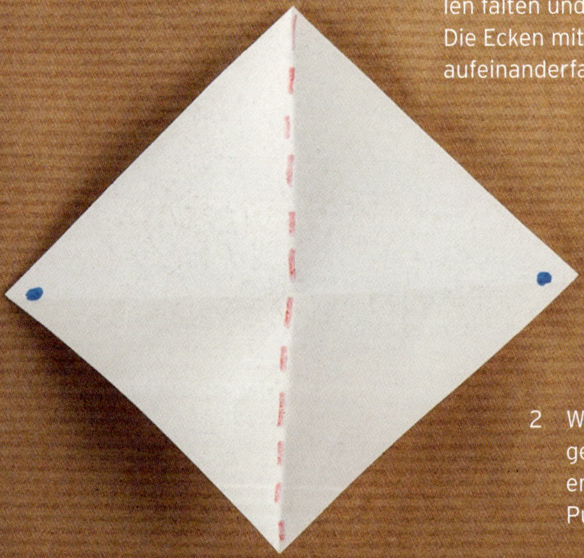

2 Wieder an der gestrichelten Linie entlang zu den Punkten hin falten.

3 Und noch einmal genauso in der Mitte falten.

4 Und noch einmal die blauen Punkte aufeinanderfalten.

5 Zuerst Spitze Nr. 1 abschneiden, danach Spitze Nr. 2. An beiden geschlossenen Kanten mit der Schere Muster einschneiden.

6 Nun vorsichtig auseinanderfalten – und fertig ist der erste Stern!

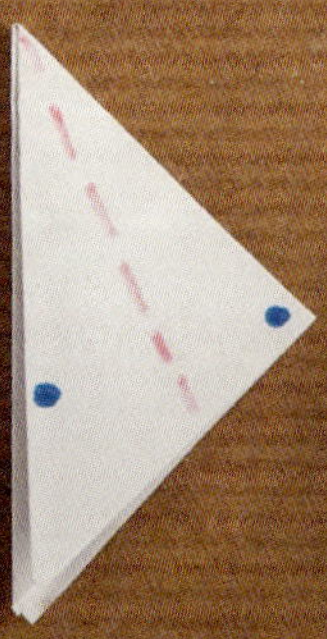

4

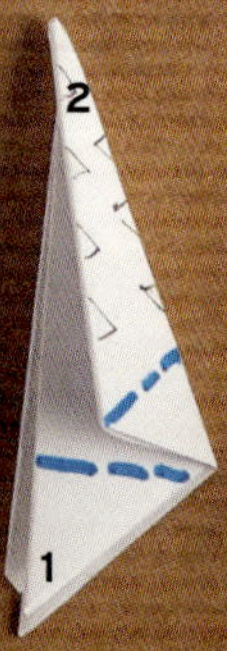

5

6

Sterntaler

Einen Karton von innen nachtblau anmalen. Farbe trocknen lassen und einen Mond aus Buntpapier auf den Himmel kleben.

Für Sterntaler eine leere Klorolle am oberen Rand so mit weißem Krepppapier bekleben, dass du es unten etwas auseinanderziehen kannst.

Eine bemalte Wattekugel als Kopf in die Öffnung kleben. Haare aus Krepppapierstreifen ankleben. Aus weißem Papier Arme ausschneiden, Hände aufmalen und seitlich in den Falten des Kleides festkleben.

Sterntaler in den Karton kleben, mehrere Sterne aus verschiedenen Goldfolien ausschneiden und an Fäden oben am Kartonhimmel befestigen.

Blütensterne und mehr

Wenn du beim Spazierengehen die getrockneten Blüten des Wiesen-Bärenklaus an den Wegrändern findest, lohnt es sich, einige davon mit nach Hause zu nehmen. Sie sehen aus wie zarte Sterne. Weiß, silber oder gold angesprüht, sehen sie noch schöner aus!

Stern aus Zweigen

Wenn du gerne einen größeren Stern möchtest, dann versuch es einmal mit so einem Modell aus Zweigen. Alles, was du brauchst, sind fünf etwa gleich lange Zweige oder Stöcke, Blumendraht, bunte Wolle, eine Schere und zum Aufhängen ein Stück Geschenkband.

Zuerst zwei Zweige so zusammenbinden.

Mit zwei weiteren Stöcken an allen Stellen zusammenbinden, wo sich die Stöcke überkreuzen.

Tipp

Du kannst deinen Stern auch mit einer kleinen Lichterkette oder Christbaumanhängern schmücken.

Fehlt nur noch Stock Nr. 5! Zum Schluss die Verbindungsstellen mit farbiger Wolle umwickeln.

Zapfenengel

Einen Zapfen mit Silberfarbe besprühen. Oben einen Wattekugel-Kopf ankleben. Einen Heiligenschein aus Filz ausschneiden und festkleben. Nun noch zwei Federn als Flügel und vier Streichhölzer als Arme und Beine in den Zapfen stecken.

Kleine Schuhe aus Filz ankleben. So bekommt der Engel keine kalten Füße!

Eine besonders schöne Sternenblüte kannst du auch einfach an einem Band im Fenster aufhängen.

Sie folgen einem hellen Stern

Die Heiligen Drei Könige, Engel und Hirten: Sie alle wollen das Jesuskind bewundern. Möchtest du dir eine kleine Krippe bauen und ein paar Figuren basteln, die sich um die Krippe versammeln?

Filzstern

Aus gelbem Filz kannst du beide Teile für einen Schweifstern ausschneiden. Augen, Nase und Mund aus Filz ausschneiden und aufkleben. Fertig!

Tipp

Klebe den Stern auf ein Stück Karton, so groß wie eine Postkarte. Dann kannst du deine Sternenpost verschicken!

Klammerengel

Einer Holzwäscheklammer ein Gesicht aufmalen, einen Streifen Kreppapier unterhalb des Kopfes als Kleid um die Figur wickeln und mit einem Faden festbinden. Flügel aus Transparent- oder Goldpapier und Arme aus Streichhölzern ankleben.

Minikrippe

Hast du vielleicht eine kleine Holzschachtel mit Deckel? Diese hier ist so groß, dass gerade zwei Korken mit Wattekugeln als Köpfe hineinpassen. Und das kleine Jesuskind aus Filz hat auch noch Platz in der kleinen Hütte.

Die Heiligen Drei Könige

Ebenfalls aus Filz sind die drei Könige. Gesichter und Körper ausschneiden und auf einen Untergrund aus Papier oder ein größeres Stück Filz kleben. Weiter mit Geschenkbändern, Perlen und mehr schmücken. Auf diese Weise kannst du Hirten, Maria und Josef und Schafe und Ochsen gestalten. Alle Figuren auf ein Stück Karton oder auf ein großes Stück Filz kleben.

Engel aus Papier

Dieser Engel wird aus einem 15 x 20 Zentimeter großen Stück Buntpapier gemacht. Dafür das Papier wie eine Ziehharmonika falten. Am oberen Rand Klebstoff zwischen jede einzelne Falte träufeln und zusammendrücken. Die Klebestelle mit einer Klammer fixieren, bis der Klebstoff getrocknet ist.

Nun aus einem etwa 15 x 15 Zentimeter großen Stück Goldkrepp Flügel falten. In der Mitte zusammendrücken und mithilfe einer Nadel einen Faden durchziehen, dann eine Wattekugel auffädeln und den Faden noch einmal durch den Kopf und die Flügel ziehen. Dabei soll oben am Kopf eine Schlaufe entstehen. Unter den Flügeln alles gut verknoten. Die Kanten der Flügel an das Kleid kleben. Wenn der Klebstoff getrocknet ist, die Flügel auseinanderziehen. Arme und Beine aus Papier ankleben und etwas Engelshaar auf den Kopf kleben.

Krippe

In einen kleinen weißen Karton eine Öffnung schneiden. Oben eine gefaltete Pappe als Dach aufkleben. Einen Stern aus Tonkarton ausschneiden und auf das Dach kleben.

Die Figuren bestehen alle aus Wattekugeln und Zahnstochern. Diese in die Kugeln stecken, eventuell mit Klebstoff fixieren. Gesichter auf die Kugeln malen und Bärte und Haare aus Wolle oder Märchenwolle ankleben.

Die Könige tragen Kopfbedeckungen aus Goldpapier oder Stoff. Alle Figuren bekommen Kleider aus Stoffresten oder Papier. Diese in Streifen schneiden und unterhalb der Köpfe um die Figuren wickeln und festbinden.

Das Jesuskind liegt in einer kleinen Schachtel. Die Schafe bestehen aus Korken, die mit Watte beklebt sind.

Engel im Glitzerschnee

In diesem Glas schneit es glitzernde Flocken. Um so ein Wunderglas zu basteln, brauchst du eine wasserfeste Figur, die du auf die Deckelinnenseite eines gut ausgespülten Glases klebst. Das kann eine Plastikfigur aus deiner Sammlung sein, aber noch besser ist so ein selbst gebastelter Engel aus einer Holzwäscheklammer.

Das Glas mit destilliertem Wasser füllen und zwei Tropfen Glyzerin hineinträufeln lassen (gibt es in der Apotheke).

Nun Glitzersterne, Pailletten oder Schnipsel aus Goldpapier in das Glas füllen, dann den Deckel mit der Figur ganz fest auf das Glas schrauben und vorsichtig umdrehen.

Wenn du das Glas schüttelst, schneit es Glitzerflocken, die sich langsam auf dem Glasboden absetzen.

Für den Engel eine Wäscheklammer mit wasserfester Farbe bemalen und Haare aus Lametta ankleben. Flügel aus Goldpapier ausschneiden und an der Klammer befestigen. Arme aus Streichhölzern anbringen. Fimo oder Knete fest in den Deckel drücken und den Engel so wie hier hineinstecken.

Wir begrüßen das neue Jahr!

Das geht am besten mit einem Sternenregen aus einem kleinen Blumentopf, in dem Wunderkerzen in einem Klumpen Knetmasse stecken. Das Farbfeuerwerk ist ein Pustebild. Das kannst du mit deinen liebsten Farben gestalten. Es geht ganz einfach und es macht großen Spaß!

Puste- Feuerwerk

Du braucht einen großen Tonkarton, hier Din A2, flüssige Farben, Strohhalme und ein paar alte Zeitungen als Unterlage. Zuerst breitest du die Zeitungen auf dem Boden aus, dann legst du den Tonkarton darauf, kleckst Farben deiner Wahl auf die Mitte und pustest sie dann mithilfe des Strohhalms in alle Richtungen. Vor dem Aufhängen gut trocknen lassen.

Tipp

Stelle das Bild hinter deinen Wunderkerzen-Blumentopf und erwecke dein Feuerwerk zum Leben!

Glücksschwein

Zum neuen Jahr wünschen sich die Menschen Glück. Das Symbol dafür ist zum Beispiel ein Glücksschwein. Vielleicht möchtest du so einen kleinen Glücksbringer verschenken? Auf Pappe aufmalen, ausschneiden und einen Ringelschwanz aus Papier und eine Schnauze aus einem Knopf ankleben. Für noch mehr Glück trägt es ein Glückskleeblatt im Maul.

Weißt du, wie viel Sternlein stehen

Melodie: Volksweise
Text: Wilhelm Hey

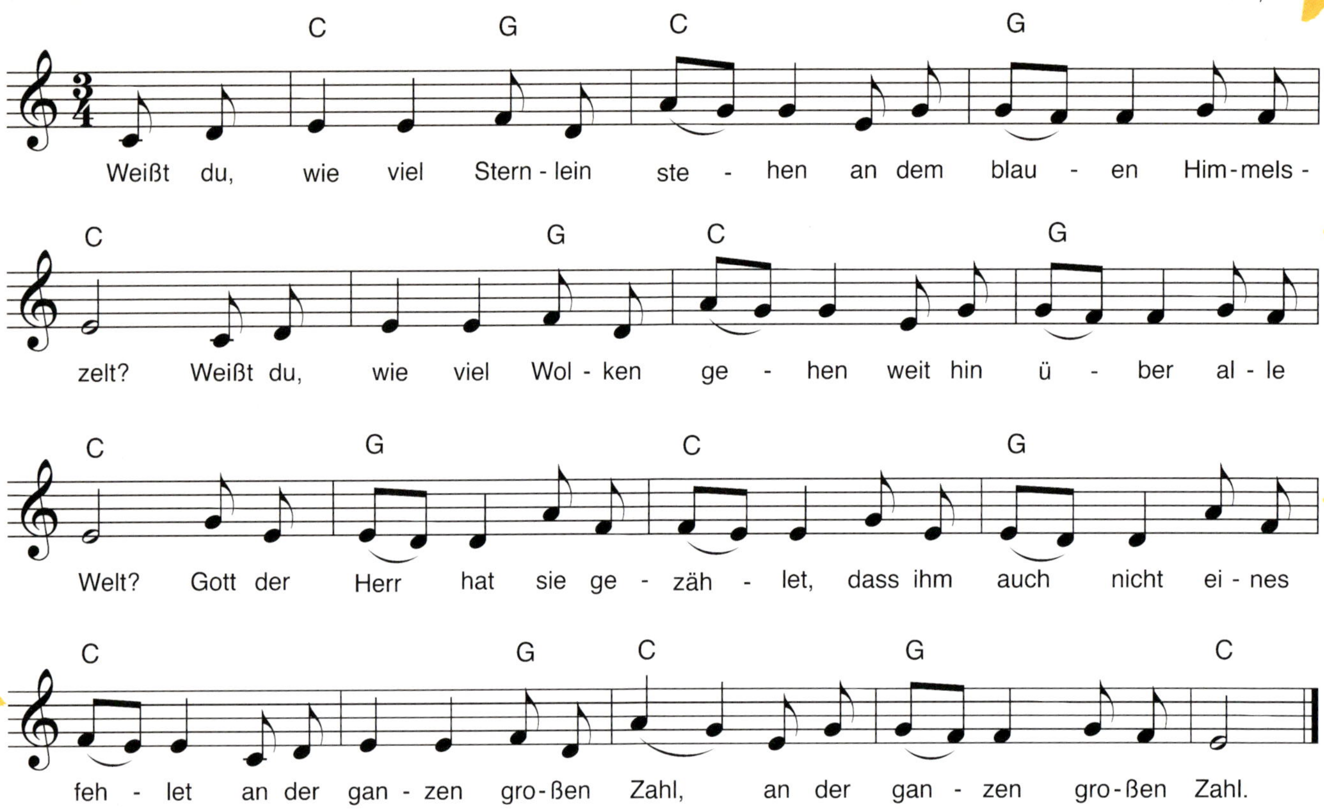

2. Weißt du, wie viel Mücklein spielen
in der heißen Sonnenglut?
Wie viel Fischlein auch sich kühlen
in der hellen Wasserflut?
Gott der Herr rief sie mit Namen,
dass sie all ins Leben kamen,
dass sie nun so fröhlich sind,
dass sie nun so fröhlich sind.

3. Weißt du, wie viel Kinder frühe
steh'n aus ihren Bettlein auf,
dass sie ohne Sorg' und Mühe
fröhlich sind im Tageslauf?
Gott im Himmel hat an allen
seine Lust, sein Wohlgefallen,
kennt auch dich und hat dich lieb,
kennt auch dich und hat dich lieb.

Tipp

Für diese Laternen Brottüten mit Sonne, Mond oder Sternen bemalen, Augen und Münder mit einer Schere ausschneiden und in jede Tüte ein Glas mit Teelichten stellen.

Mondschaukel

So eine Mondschaukel nimmt dich mit ins Land der Träume. Du kannst sie über deinem Bett oder im Fenster aufhängen und zusehen, wie das Schiff leise schaukelt.

Zuerst eine leere runde Schachtel gelb anmalen. Auf die getrocknete Farbe vielleicht noch etwas Goldglimmer-Farbe streichen. Dem Vollmond ein Gesicht aufmalen.

Aus einem Din-A3-großen Stück weißem Papier ein Schiff falten. Das Schiff mit Goldspray besprühen oder mit Goldfarbe anmalen.

Für die Figuren zwei Wattekugeln oder Holzperlen auf Zahnstocher stecken und Gesichter aufmalen. Dann je einen Streifen Krepppapier um den Zahnstocher wickeln und mit einem Stück Pfeifenreiniger als Arme umwickeln. Jetzt noch Haare aus Krepppapierstreifen ankleben.

Etwas Watte in das Schiff stecken und die Püppchen in das Schiff setzen.

Goldfäden mithilfe einer Nadel durch das Segel in der Mitte und die Seiten des Schiffes ziehen und am Mond befestigen.

Hurra, es schneit!

Die Flocken fliegen und bleiben liegen. Bitte sehr, noch mehr, noch mehr! Das wünschen sich alle Kinder, wenn es endlich schneit. Hoffentlich gibt es so viel Schnee, dass du den Schlitten herausholen kannst!

Und nach einer wilden Schlittenfahrt kannst du vom Fenster aus den tanzenden Flocken zuschauen und Schneeflöckchen, Weißröckchen singen – eines der schönsten alten Kinderlieder. Es steht in diesem Kapitel auf Seite 54.

Falls der Schnee nicht für eine Schlittenfahrt oder einen Schneemann reichen sollte, dann kannst du einen aus Papier basteln oder mit deiner Schneelandschaft im Karton spielen.

Vielleicht kannst du draußen bei einer Schneewanderung gleich so einen tollen Schneemann bauen. Augen, Nase, Mund aus Stöcken oder Zweigen oder auch aus Hagebutten stehen dem Schneemann sehr gut.

Cooler Typ

Huch, wer versinkt denn da im Schnee? Der Kopf dieser Eisfigur ist ein Fundstück, das man mit Glück draußen schon so entdeckt. Wenn nicht, baust du einfach einen Kopf aus Schnee.

Die Monsterhand wird mit einem Einweg-Haushaltshandschuh gemacht. Diesen mit Wasser füllen und in einer frostigen Nacht draußen liegen lassen. Morgens den Handschuh vorsichtig entfernen und zum Vorschein kommt die eisige Hand.

Dieser Schneemann schaut weit über das Land.

Hier fehlen noch ein paar Haare oder ein Hut!

Tipp

Du kannst deine Schneemänner oder Schneemonster auch gut mit Wasserfarben anmalen.

Kleine Schneemonster

Überall lauern solche kleinen Schneeungeheuer. Sie lümmeln auf Bäumen herum oder liegen faul auf trockenen Grashalmen. Manchmal bemerkst du sie erst, wenn du genau davorstehst. Auf jeden Fall macht es riesigen Spaß, draußen auf die Suche nach diesen scheuen kleinen Monstern zu gehen.

Ein Schnee-Igel auf dem Zaunpfahl

Was ist denn das?

Ja, mit dem Hagebutten-Auge und den Hörnern aus Gräsern kann man das kleine Tier schon besser erkennen.

Mit rotem Maul ist der kleine Schnee-Hund schon von Weitem zu sehen.

Glück gehabt! So ein tolles, gefrorenes Kunstwerk der Natur ist selten zu finden.

Oh, ein Nasenbär! Er faulenzt hier im Baum und wartet darauf, von dir entdeckt zu werden.

Schneemänner ohne Schnee

Falls es bis jetzt noch nicht geschneit hat, sei nicht traurig: Du kannst dir drinnen ebenfalls Schneemänner basteln, zum Beispiel aus geknülltem Papier. Oder du lässt Salz auf ein Blatt Papier rieseln und gestaltest daraus deinen Schneemann. Und mit Korken kannst du ganz viele kleine Schneemänner auf ein Blatt Papier stempeln.

Schneeflocken-Kette

Dafür die Watte zu Bällchen knüllen und mithilfe einer dicken Nadel auf einem transparenten Faden auffädeln, einmal umwickeln und verknoten, sodass die Flocke nicht verrutschen kann, dann die nächste Flocke auffädeln, bis eine lange Schneeflockenkette entstanden ist. Mehrere solcher Ketten nebeneinander im Fenster aufgehängt wirken so wie echte Schneeflocken, die vor deinem Fenster tanzen.

Leise rieselt der Schnee ...

Hier rieselt Salz auf ein Blatt Papier. Du kannst damit Schneebilder gestalten. Wenn du genug gespielt hast und das Salz nicht mehr brauchst, schütte es in eine Schale, damit man es noch zum Kochen benutzen kann.

1, 2, 3, losgestempelt!

Wer schafft es in einer festgelegten Zeit, die meisten Schneemänner auf ein Blatt Papier zu stempeln und ihnen Hüte und Mützen aufzumalen? Jeder Mitspieler bekommt einen Flaschenkorken und eine Schale mit weißer Farbe. Auf ein Zeichen hin tauchen alle den Korken in die Farbe und stempeln ihre Schneemänner auf ein Blatt Papier.

Tipp

Auf diese Weise kannst du auch einen großen Bogen Packpapier vollstempeln. Dann hast du schönes, selbst gemachtes Geschenkpapier.

Schneemann aus Papier

Je nachdem, wie groß du deine Kugeln knüllst und klebst, bestimmst du die Größe deines Schneemanns. Die Kugeln aufeinanderkleben, den Klebstoff trocknen lassen.

Dann den Schneemann mit weißer Farbe anmalen oder ansprühen. Aus Tonpapier eine Möhrennase und einen Mund ausschneiden und ankleben. Augen aus schwarzem Papier ankleben oder mit einem Filzstift aufmalen.

Eine Mütze aus Krepppapier oder wie hier aus einer Serviette ankleben.

Seitlich in den Schneemann Zweige stecken. Die Löcher dafür mit dem spitzen Teil einer Schere vorbohren.

Zeitungspapier oder Klopapier zu Kugeln knüllen und mit Paketband umwickeln.

Schneemann-Post

Nimm einen normalen weißen Briefumschlag. Schneide einen Hut aus schwarzem Tonpapier aus und klebe ihn auf eine kurze Kante. Nase und Mund sind ebenfalls aus Tonpapier. Male noch Augen auf und schmücke den Schneemann mit einem silberfarbenen Band und einem kleinen Zweig. Wem möchtest du einen Brief schreiben?

Es schneit Sterne!

Schöne Schneesterne lassen sich aus vielen Materialien basteln, sogar aus Muffinförmchen oder aus Wattestäbchen. Welche Sternchen möchtest du ausprobieren?

Die Muffinförmchen ausbreiten und in der Mitte falten, dann noch einmal falten und noch einmal. An der geraden Kante nun mit einer Schere Muster (Zacken, Halbkreise, Dreiecke) einschneiden, aber so, dass das Papier noch zusammenhält. Vorsichtig auseinanderfalten und die schönsten Sterne an Fäden aufhängen.

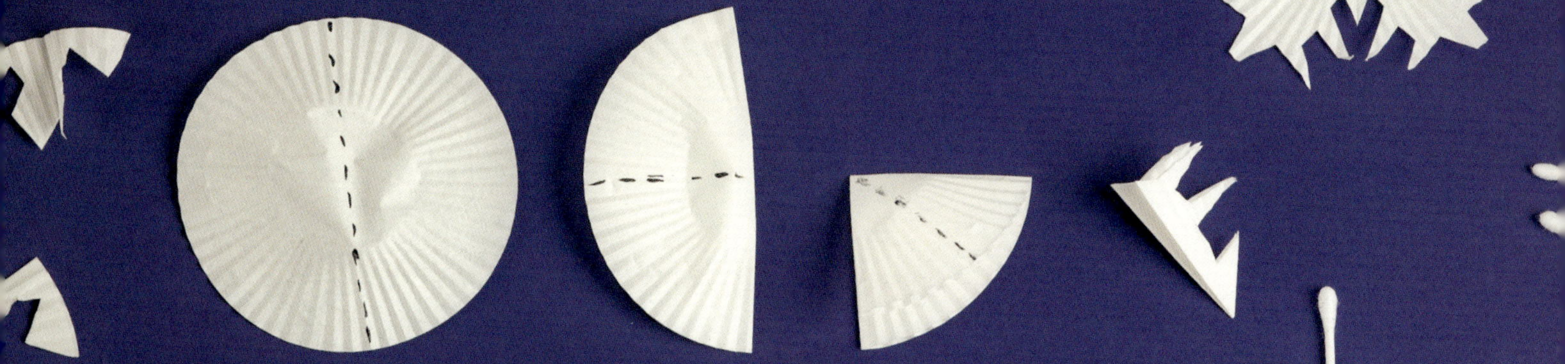

Mit Wattestäbchen kannst du auf einem Blatt Papier zunächst verschiedene Formen legen. Da gibt es so viele Möglichkeiten! Schneide auch einige Wattestäbchen in der Mitte durch, um neue Muster zu legen.

Klebe die Formen, die dir besonders gut gefallen, auf ein Stück Tonkarton oder auf transparente Folie.

Tipp

Wenn du die Sterne aufgeklebt hast, kannst du sie an einem Faden aufhängen.

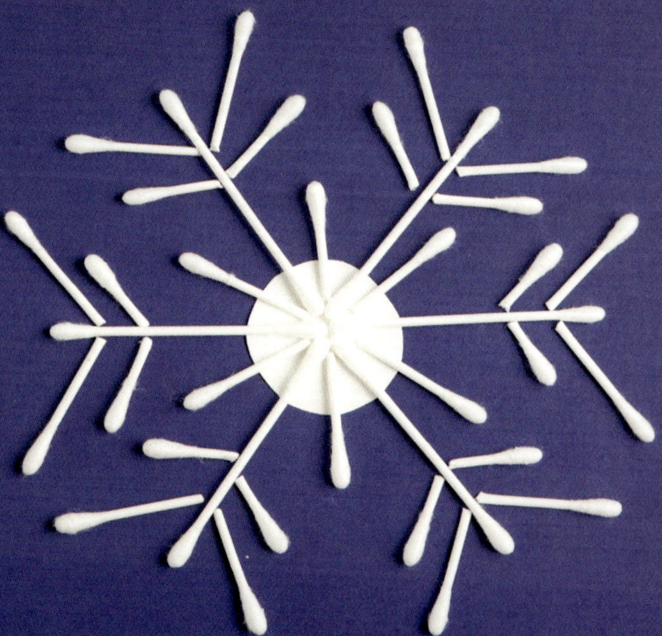

Winter im Karton

Vielleicht ist der Winter manchmal gar nicht so schön verschneit, wie du es dir wünscht. Sei nicht traurig! Bau dir einfach in einem Kartondeckel eine Winterlandschaft auf und träum davon, dass der echte Winter bald kommt.

Zuerst suchst du dir einen Kartondeckel in passender Größe. Den Deckel malst du von innen mit blauer Farbe an. Während die Farbe trocknet, überlegst du schon einmal, wie deine Landschaft aussehen könnte.

Gerissenes weißes Papier eignet sich für Hügel im Hintergrund, Watte für den Vordergrund. Draußen findest du trockene Zweige, die du als Bäume in deine Landschaft stellen kannst. Die Bäume weiß ansprühen oder anmalen.

Damit sie auch gut im Deckel stehen, die Bäume zuerst in Knete stecken und damit im unteren Deckelrand festkleben.

Der Vogel ist aus Tonkarton ausgeschnitten und klebt auf einer kleinen Wäscheklammer. Damit kannst du ihn an den Zweigen befestigen.

Der Schneemann ist aus zwei Wattepads, die du einfach auf den Hintergrund klebst.

Soll es Häuser in deiner Landschaft geben? Schneide sie aus Tonpapier aus, ebenso den Mond, den Hut vom Schneemann und dessen Handschuhe.

Frau Holle

Bestimmt kennst du das Märchen von Frau Holle. Wenn es früher schneite, erzählte man sich, dass Frau Holle ihre Betten ausschüttelt. Die Federn fallen dann als Schneeflocken auf die Erde. Vielleicht möchtest du dir eine Frau Holle basteln, die aus dem Fenster schaut und dabei ihr Kopfkissen ausschüttelt?

Zuerst brauchst du einen Kartondeckel, der das Fenster wird, außerdem weißen Karton, Watte, Wattepads, Stoffreste, Klebstoff, Tonpapier, Nadel und Faden. Und los geht's!

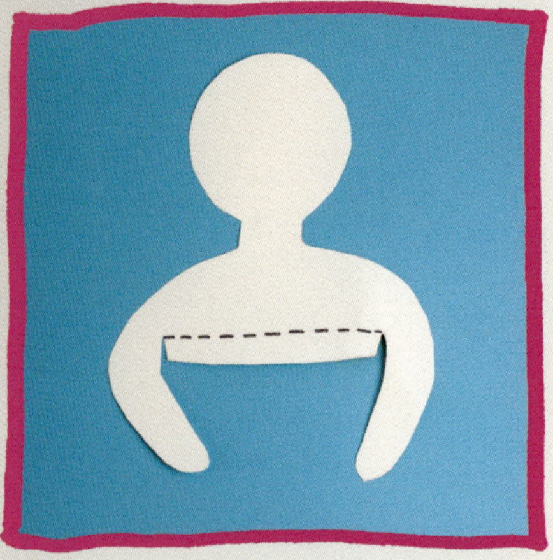

Du schneidest aus Tonkarton eine Figur ähnlich wie diese aus. Zwischen den Armen ist sie so breit, dass sie genau in den Karton passt, die Arme schauen über die Kanten hinaus. Die untere Kante wird nach innen geknickt und später im Deckel festgeklebt.

Du klebst der Figur ein Gesicht aus Tonpapier auf oder malst ein Gesicht. Den restlichen Körper beklebst du mit Stoff und schneidest ihn entlang der Kanten so zurecht, dass er genau passt. Haare aus Watte ankleben.

Den Kartondeckel von innen bemalen. Außerdem aus rotem Tonkarton einen Fensterrahmen zuschneiden. Dafür den Kartondeckel auf den Tonkarton legen, mit einem Bleistift die Form abzeichnen und dann zusätzlich zwei bis drei Zentimeter rings um die Deckelform weitere Linien mit einem Lineal ziehen. Entlang der Außenkanten ausschneiden und die Mitte ebenfalls ausschneiden, sodass nur ein Fensterrahmen bleibt. Diesen um den Kartondeckel kleben.

Ein Stück Stoff zusammenklappen, an zwei gegenüberliegenden Seiten zunähen. Unten eine Öffnung lassen und das Kissen mit Watte füllen. Nun Wattepads mit Nadel und Faden zusammennähen und am unteren Rand des Kissens festnähen. Das Kissen an die Hände von Frau Holle kleben.

Jetzt Frau Holle in den
Kartondeckel kleben.
Oben eine Schnur durch
den Deckelrand ziehen
und daran das Fenster
mit Frau Holle aufhängen.

Schneeflöckchen, Weißröckchen

Melodie: Unbekannter Verfasser
Text: Hedwig Haberkern

2. Komm setz dich ans Fenster,
du lieblicher Stern,
malst Blumen und Blätter,
wir haben dich gern.
3. Schneeflöckchen, du deckst uns
die Blümelein zu,
dann schlafen sie sicher
in himmlischer Ruh'.

4. Schneeflöckchen, Weißröckchen,
komm zu uns ins Tal.
Dann bau'n wir den Schneemann
und werfen den Ball.

Dieser schöne große Schneestern besteht aus vier Tortendeckchen aus Papier.

Du faltest ihn genauso wie den Fächerstern auf Seite 27.

Flauschige Schneeflocken

Eine, zwei, drei oder ganz viele davon lassen sich ganz einfach aus Papiertaschentüchern falten.

Ein auseinandergefaltetes Papiertaschentuch wie eine Ziehharmonika falten und in der Mitte mit einem langen weißen Faden zusammenbinden.

So das Taschentuch falten.

An beiden Seiten einen etwa einen Zentimeter breiten Streifen abreißen. Nun von den Seiten aus die einzelnen Papierlagen vorsichtig zur Mitte hin hochziehen. Es entsteht eine Blütenform.

Auf die Fadenenden mithilfe einer Nadel eine Wattekugel auffädeln, ein Gesicht aufmalen, etwas Engelshaar, Watte und eine Krone aus Silberpapier aufkleben. Die Schneeflocken an einem Zweig aufhängen.

Eisiger Zauber

Väterchen Frost wird der Winter in Russland genannt, dort ist er sehr kalt und schickt den Menschen viele eisige Tage. Hier müssen wir oft lange warten, bis sich auf Pfützen und Seen eine so dicke Eischicht bildet, dass man darauf schlittern kann.

Wenn es Frost, Schnee und Tauwetter hintereinander gibt und es dann über Nacht friert, dann hängen morgens dicke Eiszapfen von den Dächern, die in der Sonne funkeln. Solche eisigen Zaubertage müssen wir feiern! Aus den Eiszapfen kannst du zum Beispiel einen Palast für die Schneekönigin bauen.

Die Schneekönigin mit ihrem glitzernden Kleid aus Alufolie führt ihr Pferd an ihrem Palast vorbei. Wie du die Königin und so ein Pferd basteln kannst, steht auf den nächsten Seiten.

Außerdem gibt es dort noch weitere eisig-schöne Ideen zum Basteln und Spielen!

Ein Spiel mit Pinguinen findest du auf Seite 60.

Manchmal hängen Eiszapfen vom Dach herunter. Wenn du sie abbrichst, kannst du daraus ein tolles Schloss bauen.

Wasser, in das du etwas Lebensmittelfarbe gegeben hast, in Luftballons füllen und über Nacht gefrieren lassen.

Wer wohnt im Silberwald?

Ein eisig gefrorener Wald glitzert besonders schön, und pst: Wenn du genau hinschaust, entdeckst du vielleicht auch einige eisige Gestalten, die dort leben. Falls nicht, bastelt du dir deine eigene Eiswelt. Alle Figuren hier sind aus Alufolie geformt.

Vielleicht beginnst du gleich einmal mit so einem kleinen Eistroll.

Silbertroll

Wie wäre es mit einem kleinen Troll oder einem Zwergenkönig?

Einfach mit der Folie drauflosknüllen und schauen, was dabei herauskommt.

Silberpappel

Dafür rollst du Streifen aus Alufolie zuerst zu einem Stamm, dann weitere Streifen zu Ästen auf und verbindest sie zu einem Baum. Den kannst du mit trockenen Blüten oder Gräsern weiter ausschmücken.

Silberschwan

Oder probiere es einmal mit einem Schwan. Mit einer Feder versehen, wirkt er noch echter.

Prinzessin Silberkleid

So formst du auch die Prinzessin. Auf die Arme klebst du Hände aus Tonkarton, auf den Hals steckst du eine Wattekugel. Haare aus Engelshaar auf den Kopf kleben und die Krone nicht vergessen!

Silberpferd

Das Pferd ist etwas schwieriger als ein Schwan. Forme zuerst den Bauch und den Hals in einem Stück. Dann die Beine: Jeweils Vorder- und Hinterbeine aus einem langen Streifen formen, beide Streifen über den Bauch legen, einmal vorn, einmal hinten, und darüber wieder Alufolie wickeln. Nun den Kopf formen und an den Hals modellieren. Mähne und Schweif aus Lametta ankleben. Fertig!

Tipp

Du kannst dem Pferd eine Satteldecke aus silbernem Schleifenband zuschneiden und aufkleben oder auch andere glänzende Papiere dafür verwenden.

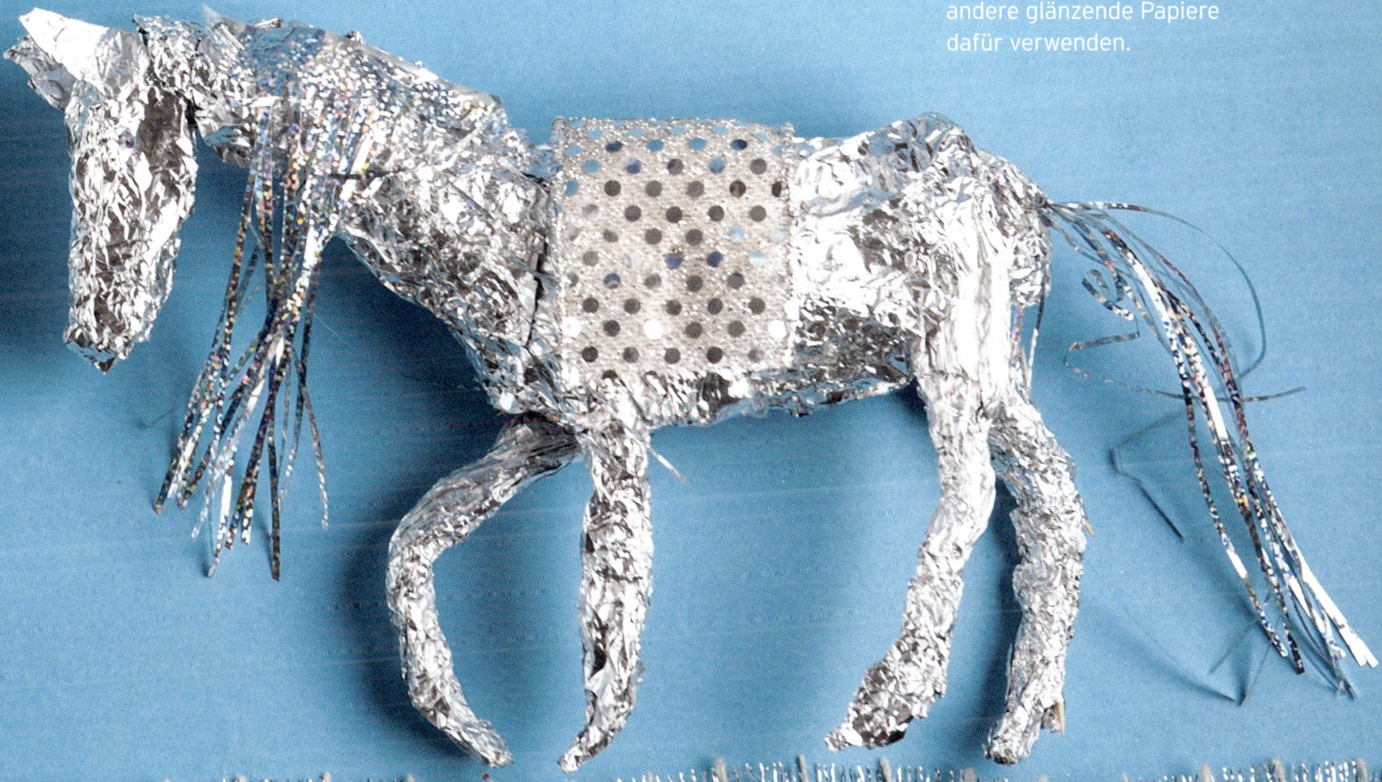

Schlitterente

Diese königliche Ente schlittert rasant über gefrorene Pfützen. So kommt sie schneller zu ihrem Schloss. Sie besteht aus einer kleinen leeren Milchtüte und Papier. Die Prinzessin lenkt die Ente an goldenen Zügeln.

Ente

Die Milchtüte gründlich ausspülen, trocknen lassen. Aus festem weißem Papier zwei identische Entenformen ausschneiden. Die Form sollte die Milchtüte bedecken. Die Enten beidseitig an die Tüte kleben, oben auf die noch sichtbare Fläche einen Streifen weißes Papier kleben.

Um den unteren Bereich der Ente einen Streifen Goldpapier anbringen. Einen Schnabel und Augen aus gelbem Tonpapier ankleben sowie eine Krone aus Goldpapier.

Federn an den Schwanz kleben und mithilfe einer Stopfnadel einen goldenen Faden durch den Schnabel ziehen.

Prinzessin

Einer Wattekugel ein Gesicht aufmalen und Haare aus Wolle ankleben. Einen Zahnstocher in die Unterseite der Kugel stecken. Einen Streifen weißes Krepp- oder Seidenpapier zuschneiden und unterhalb des Kopfes mehrfach um den Zahnstocher wickeln. Eventuell mit Nähgarn umwickeln und festknoten.

Einen Umhang aus pinkem Krepppapier ausschneiden und ankleben und eine Krone aus Goldpapier nicht vergessen.

Eispalast

Für diesen Palast brauchst du zwei rechteckige Milch- oder Safttüten. Die eine davon ist der Untergrund, die zweite der Turm. Dieser Eispalast kann sogar schwimmen und mit einem Teelicht beleuchtet werden.

Zuerst schneidest du mit einem Cutter von einer Tüte den Deckel ab, danach schneidest du die Zinnen aus. Bitte von einem Erwachsenen dabei helfen lassen!

Außerdem werden noch Fenster und Türen ausgeschnitten und auf der Rückseite des Turms eine größere Öffnung, damit du später ein Teelicht hineinstellen kannst.

Nun beide Tüten mit Silberspray besprühen und trocknen lassen. In der Zwischenzeit Alufolie in etwa zehn Zentimeter breite Streifen schneiden und oben Zacken einschneiden. Diese Streifen ringsherum um die zweite Tüte kleben.

Die vorderen Fenster des Turms von innen mit bunten Transparentpapieren bekleben. Den Turm mitten auf die Insel mit den Zacken kleben.

Willst du deinen Palast schwimmen lassen, bindest du am besten noch ein Band um den Palast, damit du ihn daran festhalten kannst.

In der Dämmerung beleuchtest du den Palast mit einem Teelicht.

In Eis und Schnee

Bastele dir aus Styroporplatten zuerst einmal eine Schneelandschaft. Dazu brichst du die einzelnen Platten in Stücke und arrangierst diese zu Eisschollen und Eisbergen. Nun brauchst du noch einige Pinguine und vielleicht auch einen Eisbären.

1, 2, 3!

Wenn du einige deiner Eisberge mit Zahlen versiehst, kannst du dieses Spiel spielen: Ein Mitspieler dreht sich um oder hält sich die Augen zu, und du versteckst einen Pinguin hinter einem der Eisberge. Nun darf der Mitspieler raten, hinter welchem Berg sich der Pinguin verbirgt. Tippt er richtig, gibt es einen Punkt. Nach zehn Runden werden die Punkte zusammengezählt.

Pinguine

Aus je einem Korken und einer Wattekugel klebst du so viele Pinguine zusammen, wie du möchtest. Dann bemalst du die Korken mit weißer Farbe.

Auf die Wattekugeln malst du mit einem dicken Filzstift Augen und die typische „Frisur" der Pinguine. Schneide aus Tonpapier Flügel und Schnäbel aus und klebe sie fest. Schon kann die Pinguinparade auf das Eis watscheln.

Kleiner Eisbär

Aus zwei Wattekugeln entsteht im Nu ein kleiner Eisbär. Beine aus weißem Tonkarton ausschneiden und seitlich ankleben. Ohren ausschneiden und ankleben und dem Eisbären ein Gesicht aufmalen. Dann kannst du deinen Eisbären auf eine Eisscholle setzen.

Riesenmurmeln aus Eis

Die kannst du nur herstellen, wenn es nachts klirrend kalt ist. Aber dann solltest du das unbedingt ausprobieren. Es macht Spaß und sieht vor allem toll aus. Sogar, wenn die Kugeln später schmelzen!

Du brauchst Luftballons, farbiges Wasser, eine Einwegspritze aus Plastik und jemanden, der dir hilft.

Am besten legst du den Platz, an dem du die Luftballons mit Wasser füllen möchtest, ganz dick mit alten Zeitungen aus.

Ein großes Glas mit Wasser füllen und ein paar Tropfen Farbe (zum Beispiel Lebensmittelfarbe) hinzufügen.

Ein Helfer hält nun den Luftballon und zieht oben die Öffnung auseinander. Du ziehst die Spritze mit dem farbigen Wasser auf und befüllst damit nach und nach den Ballon, bis er dick genug ist. Dann verknotest du den Ballon und trägst ihn nach draußen. Dort bleibt er die ganze Nacht liegen. Ist er am nächsten Tag durchgefroren, kannst du die Ballonhülle entfernen und zum Vorschein kommen solche schönen bunten Eiskugeln.

Eiskönigin

Sie schwebt über die gefrorene Landschaft. Ein märchenhaftes Bild, das du draußen aufhängen kannst, im Garten oder auf dem Balkon. Wer erzählt dazu eine Geschichte?

Für dieses Bild brauchst du zwei gleich große Stücke einseitig klebende Transparentfolie. Darauf klebst du später deine Königin. Zuerst aber legst du alle Teile auf den Tisch. Du brauchst einen Kopf und Hände aus Buntpapier.

Dem Kopf ein Gesicht aufmalen. Die Arme und der Kragen des Kleides bestehen aus silbernem Schleifenband, das Kleid aus einem Stück Stoff oder aus Seidenpapier. Die Haare sind aus Lametta, und eine Krone aus farbiger Folie darf auch nicht fehlen. Alle Teile klebst du auf die eine Transparentfolie, nachdem du die Schutzschicht abgezogen hast. Die zweite Folie klebst du genau über das Bild. Dabei dürfen ruhig Knicke entstehen.

Tipp

Besonders toll sieht es aus, wenn du das Bild in einer Frostnacht nach draußen legst und mit etwas Wasser begießt. Am nächsten Morgen glitzern dann vielleicht noch kleine Eisblumen rings um die Königin.

Winterspaß

Der größte Winterspaß ist es, wenn die Schneeflocken erst am Himmel tanzen und fliegen und dann auf der Erde liegenbleiben. Nun ist es Zeit, sich warm anzuziehen, auf dem Schlitten den Berg hinunterzusausen oder über zugefrorene Pfützen und Seen zu schlittern. Schau mal, was für hübsche Muster die Vögel mit ihren kleinen Krallen im Schnee hinterlassen haben. Vielleicht entdeckst du auch geheimnisvolle Spuren und folgst ihnen ... Von wem die wohl sind?

Wenn es dir draußen zu kalt geworden ist, kannst du drinnen jede Menge Winterspaß haben: Probier doch mal Schneemannkegeln oder das Eishockeyspiel. Vielleicht bastelst du dir auch einige Skiläufer, die um die Wette einen Hügel aus Pappe herunterpreschen.

Wer ist wohl hier entlanggegangen?

Falls es nicht geschneit hat, kannst du dir einfach einen Schneemann aus Papier ausschneiden oder -reißen.

Zieh dich warm an, lieber Bär!

Diesem kleinen Bären kannst du aus Filz und Stoffresten ganz viele warme Sachen ausschneiden, damit er nicht friert. Du kannst alleine mit dem Bären spielen oder zusammen mit Freunden. Dann kann sich jeder einen Bären oder ein Tier seiner Wahl aus Pappe ausschneiden und ihm warme Kleidung schneidern.

Den Bären schneidest du aus fester Pappe aus. Um die einzelnen Kleidungsstücke passend zuzuschneiden, legst du die Figur auf das Stück Stoff und zeichnest die Umrisse, hier zum Beispiel für einen Pullover, auf.

Ist der Bär nicht hübsch angezogen? Schneide ihm so viele Kleidungsstücke aus Stoffresten oder Filz aus, wie du möchtest.

Tipp

Wenn jeder sein Tier und Hose, Schal, Mütze und Co. gebastelt hat, könnt ihr ein Würfelspiel veranstalten. Reihum darf jeder einmal würfeln und je nach Augenzahl seinem Tier ein, zwei, drei, vier, fünf oder sogar sechs Kleidungsstücke anziehen. Wer ist zuerst fertig und darf hinaus in den Schnee?

Ein Yeti friert nie!

Hast du schon einmal vom Yeti gehört? Das ist ein zweibeiniges haariges Fabelwesen, das in den Bergen lebt. Aus Kunstfell und Filz kannst du so ein Wesen kleben und zusammennähen. Der Yeti ist schön kuschelig und vielleicht wärmt er deine kalten Hände, wenn du von draußen nach Hause kommst.

Zuerst ein Stück Kunstfell, etwa 10 x 15 Zentimeter groß, längs in der Mitte falten und an drei Außenkannten zunähen. Mit Watte füllen und die vierte Kante ebenfalls zunähen.

Ohren, Hörner, Arme und Beine mit Händen und Füßen aus Filz ausschneiden und an den Körper nähen oder kleben.

Zwei runde Perlen als Augen annähen und eine längliche Perle als Nase.

Einen Mund aus Filz ausschneiden und ankleben.

Schon ist dein Yeti fertig und bereit zum Spielen!

Ab auf die Piste!

Aus leeren Klorollen kannst du sportliche Skifahrer basteln, die dann auf einer schrägen Fläche zu einem Rennen antreten können. Oder rodelst du lieber? Dann ist so ein Schlitten mit drei Zwergen das Richtige für dich.

Skifahrer

Die leeren Rollen mit Ton-, Bunt- oder Geschenkpapierstreifen bekleben. An das obere Drittel der Rolle rosafarbenes Papier kleben und mit Filzstiften Augen, Nase und Mund aufmalen.

Aus Tonpapier Arme und Handschuhe ausschneiden. Die Handschuhe an die Arme, dann die Arme an die Skifahrer kleben.

Oben um die Köpfe jeweils einen Streifen Krepppapier als Mütze kleben und mit einem Stück Wolle oder Geschenkband zusammenbinden.

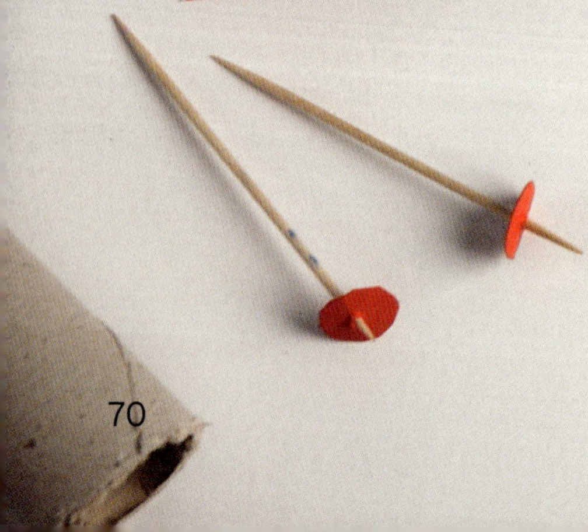

Kleine Kreise aus Tonpapier ausschneiden, auf die Spitzen der Zahnstocher stecken und die anderen Enden durch die Handschuhe der Skifahrer piken.

Aus farbigem Tonkarton Skier ausschneiden und unter die Figuren kleben. Außerdem bekommt jeder Skifahrer noch einen Schal aus Krepppapier um den Hals gewickelt.

Schlitten

Aus Tonkarton kannst du einen Schlitten ausschneiden. Dafür zeichnest du zuerst die Form auf, so wie hier im Kasten zu sehen, und schneidest sie anschließend aus. Am besten hilft dir dabei ein Erwachsener mit einem Cutter.

Die Seitenteile mit den Kufen einfach umknicken und schon kann der Schlitten kleine Korkzwerge transportieren.

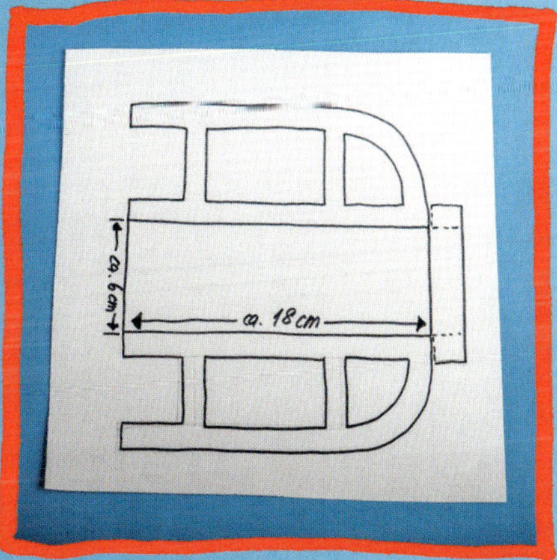

Wenn die Zwerge nicht herunterfallen sollen, befestige sie einfach mit etwas Kleber.

Tipp

Auf einer schrägen Fläche (zum Beispiel ein Brett oder ein Stück Karton) können deine Ski- und Schlittenfahrer ein Rennen fahren. Wer schafft es am weitesten, ohne umzukippen?

Wer trifft den Hut?

Für dieses Spiel kannst du einen oder mehrere Schneemänner in einer Reihe aufstellen, sie mit Zahlen versehen und versuchen, möglichst viele Wattekugel-Schneebälle oben in den Hut zu werfen. Nach jeder Runde werden die Punkte zusammengezählt und auf einen Zettel geschrieben. Dabei zählen die Bälle doppelt, die im Schneemann mit der Nummer zwei landen, die in der drei dreifach. Wer gewinnt, wird Schneekönig oder -königin.

In die Böden von Papptrinkbechern kreisrunde Löcher schneiden.

Aus schwarzem Tonkarton Hutkrempen ausschneiden: Dazu den Becher auf ein quadratisches Stück Karton stellen (etwa 8 x 8 Zentimeter) und den Umriss mit einem Bleistift aufzeichnen. Diesen Kreis nun aber so ausschneiden, dass er etwas größer ist und damit dem Becher übergestülpt werden kann, ohne nach unten zu rutschen. Zu diesem Kreis einen weiteren Kreis im Abstand von zwei Zentimetern zu dem ersten ausschneiden.

Die Hutkrempen auf die Becher stülpen und oberhalb der Hutkrempe einen Streifen schwarzes Tonpapier kleben. Die Klebekanten mit einer Klammer fixieren, bis der Klebstoff getrocknet ist.

Jetzt noch Augen, Nase, Mund und Zahlen auf die Schneemänner kleben oder malen, dann sind sie einsatzbereit.

So das Loch in den Becherboden schneiden und die Hutkrempe auf den Becher stülpen.

Bei dieser Spielvariante wird eine Wattekugel an einem langen Faden an der Hutkrempe befestigt. Zum Spielen die Kugel hochschleudern und versuchen, sie mit dem Hut aufzufangen.

Schneemannkegeln

Bevor du loskegeln kannst, bastelst du aus je zwei Watteballchen (Durchmesser etwa drei bis vier Zentimeter) so viele Schneemänner, wie du möchtest.

Du klebst die beiden Kugeln zusammen und achtest schon währenddessen darauf, dass die Schneemänner gut stehen können. Dafür stellst du die untere Kugel auf eine glatte Fläche und drückst von oben darauf.

Ist der Klebstoff getrocknet, bekommt jeder Schneemann eine Mütze aus einem Streifen Krepppapier. Die Streifen rings um den Kopf kleben und oben mit einem Faden zusammenbinden.

Der König trägt natürlich eine Krone. Den Goldpapierstreifen genauso wie bei den anderen Figuren um den Kopf kleben und anschließend Zacken in den oberen Rand schneiden.

Allen Schneemännern Möhrennasen aus Buntpapier ankleben, Augen aufmalen und natürlich Zahlen. Hier sind es die Zahlen von eins bis neun.

Zum Kegeln stellst du alle Figuren auf einer glatten Fläche rund um den König auf.

Aus ein paar Metern Entfernung versuchen die Mitspieler der Reihe nach, die Kegel mit einem kleinen Ball oder einer Murmel zu treffen. Wer schafft zuerst „alle Neune"?

Du kannst aber auch nach jeder Runde die Zahlen der umgefallenen Schneemänner auf einen Zettel schreiben und nach drei Runden für jeden Mitspieler zusammenzählen.

Tipp

Vielleicht stellst du auch alle Figuren in einer Reihe hintereinander auf und versuchst, die ganze Reihe von vorne zu treffen und dabei alle umzuwerfen. Fallen dir noch mehr Spielregeln ein?

Wer spielt mit?

Hast du Lust, Tisch-Eishockey zu spielen? Das macht viel Spaß und du kannst dir das Spiel sogar selber bauen. Schnapp dir ein paar Freunde und los geht's!

Auf Seite 63 steht, wie du diesen Pinguin basteln kannst.

Als Erstes brauchst du einen Kartondeckel, je größer, desto besser. Du malst den Deckel von innen mit blauer Farbe an und lässt sie trocknen.

In der Zwischenzeit schneidest du aus Karton einen Streifen für das Tor zu. Die Länge des Streifens richtet sich nach der Breite des Kartondeckels – hier musst du ein bisschen tüfteln, um die richtige Länge zu ermitteln. Den Streifen an den Enden so knicken, wie es rechts auf dem Bild zu sehen ist. Das Tor von hinten mit einem passenden Stück von einem Apfelsinennetz bekleben.

Den Kartondeckel mit Frischhaltefolie auslegen und das Tor darauf befestigen. Dafür Stecknadeln an beiden Seiten schräg durch das Tor und den Kartondeckel stecken.

Für die Eishockeyschläger nimmst du Holzstäbchen: Ein ganzes und ein halbes Stäbchen so, wie es hier zu sehen ist, zusammenkleben und bunt anmalen.

Die Zuschauer

Die Zuschauer sind aus Holzwäscheklammern. Die kannst du anmalen oder mit Krepppapier umwickeln. Dann noch Pfeifenreiniger als Arme unterhalb der Köpfe befestigen und Haare aus Krepppapierstreifen oder Wolle ankleben. Damit die Figuren stehen können, bekommen sie Knete an die Füße gesteckt.

Das große Eishockeyspiel

Du kannst zu zweit oder zu dritt spielen. Mit echten Eiswürfeln macht es besonders viel Spaß.

Auf ein Zeichen versuchen die Spieler, die Eiswürfel mithilfe der Schläger in das Tor zu schieben. Ein Mitspieler versucht aber, das mit dem Pinguin als Torwart zu verhindern.

Wer schießt die meisten Tore, bevor die Eiswürfel schmelzen?

Tipp

Bunte Eiswürfel lassen sich ganz einfach mit gefärbtem Wasser (Lebensmittelfarbe oder Tuschwasser) herstellen. Außerdem kannst du noch Perlen, Pailletten und Ähnliches mit in die Eiswürfelschalen füllen und frieren lassen.

Tipp

Statt der Eiswürfel eignen sich als Pucks auch Murmeln oder flache Steine.

Winter, ade!

Melodie: Volksweise
Text: August Heinrich Hoffmann von Fallersleben

2. Winter, ade!
   Scheiden tut weh.
   Gerne vergess' ich dein;
   kannst immer ferne sein.
   Winter, ade!
   Scheiden tut weh.

3. Winter, ade!
   Scheiden tut weh.
   Gehst du nicht bald nach Haus,
   lacht dich der Kuckuck aus.
   Winter, ade!
   Scheiden tut weh.

Bis zum nächsten Mal!

Wenn es so weit ist, kannst du den Winter gut mit so einer lachenden Maske verabschieden. Aus einem Pappteller ist sie schnell gebastelt. Augen und Mund in den Teller schneiden, anmalen und ringsherum nach deinem Geschmack mit Papierschlangen oder Federn bekleben.

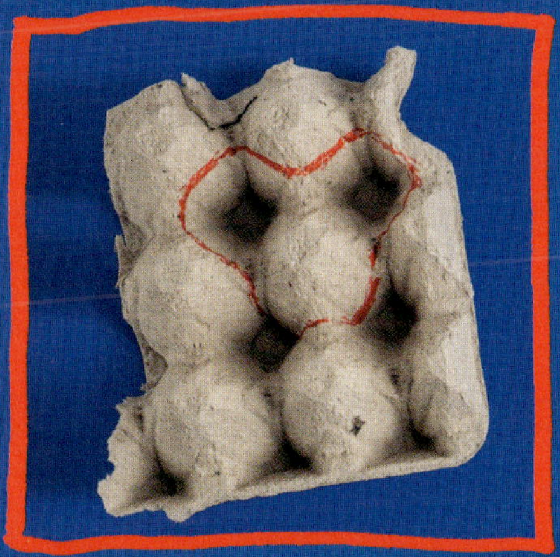

Die rote Linie zeigt dir, wo du schneiden musst.

Spaß mit Masken

Ob Grün, Rot oder Gelb, aus Eierpaletten kannst du zunächst einmal die Grundformen für solche Masken ausschneiden.

Die Löcher für die Augen mit einer spitzen Schere ausschneiden. Jetzt bemalst du die Masken mit allen möglichen Farben so, wie es dir gefällt. Wenn die Farben getrocknet sind, kannst du die Masken zusätzlich mit Federn, Perlen oder Buntpapier ausschmücken.

Möchtest du die Maske aufsetzen, dann musst du mit einer Stopfnadel einen Faden oder ein Hutgummiband durch beide Seiten der Maske ziehen und an den Seiten verknoten. Wenn du die Maske aufgesetzt hast, bindest du die Fadenenden hinter deinem Kopf zusammen.

Diese Maske hat eine schöne Frisur! Für die Lockenpracht klebst du einfach Luftschlangen um den Teller. Tschüss und danke, lieber Winter!

Liebe Eltern, Erzieherinnen, Erzieher und andere Erwachsene,

der Winter ist gekommen! Die Landschaft draußen ist grau und eintönig, und doch liegt etwas Geheimnisvolles in der Luft. Es wird frostig, die kahlen Äste knacken im Wind, Vögel plustern sich auf und erste Schneeflocken schweben vom Himmel. Die Kinder freuen sich auf das bevorstehende Weihnachtsfest und Erwachsene investieren oft viel Zeit in die Vorbereitung auf dieses Ereignis, damit es für die Kinder unvergesslich und schön wird. Diese Zeit lässt sich wunderbar gemeinsam gestalten.

Da es früh dunkel wird, verbringen die Kinder mehr Zeit zu Hause. Dort ist es warm und gemütlich. Bei Kerzenschein, selbst gebackenen Plätzchen und Kakao werden Geschichten von Wichteln und Schneeköniginnen erzählt oder es wird gemeinsam gebastelt. Mit den Basteleien kann dann das ganze Haus festlich geschmückt werden.

Vielleicht haben Sie früher auch viele Sterne aus Goldfolie gebastelt und dann stolz an den Weihnachtsbaum gehängt. Das können Sie jetzt gemeinsam mit Ihren Kindern wiederholen. Oder Sie probieren einige der anderen Ideen aus, die Sie in diesem Buch finden oder wiederentdecken.

Oft sind es ganz einfache Dinge in der Natur, die Kinder besonders faszinieren – im Winter vor allem die ersten Schneeflocken oder ein Eiszapfen an der Dachrinne. Dinge, die Erwachsenen unspektakulär erscheinen und die sie kaum noch bewusst wahrnehmen. Aber der erste Schnee ist ein Ereignis, das unbedingt wie ein Fest gefeiert werden muss.

Lassen Sie die Flocken zum Beispiel auf ein schwarzes Stück Tonpapier rieseln, das in der Kälte bereitgelegen hat. Mit einer Lupe kann man erkunden, dass keiner der wunderschönen sechseckigen Sterne dem anderen gleicht.

All diese Inspirationen aus der Natur lassen sich auch gut in kleine Basteleien umsetzen. Versuchen Sie es einfach einmal und machen auch als Erwachsener mit.

Und am nächsten Tag, wenn es geschneit hat, entdecken Sie vielleicht im frischen Schnee eine kleine geheimnisvolle Spur. Die könnte Tomte Tummetot hinterlassen haben, der viele hundert Winter alte Wicht, von dem Astrid Lindgren in ihrem Bilderbuch erzählt. Nachts kommt er aus seinem Versteck und wacht über Mensch und Tier. Am Morgen finden die Menschen seine Fußstapfen im Schnee, aber niemand hat ihn je gesehen ... Vielleicht kennen Sie die Geschichte und erzählen Ihren Kindern davon, während Sie gemeinsam seine Spuren suchen.

Der Winter ist schön und voller Geheimnisse.

Genießen Sie ihn gemeinsam mit Ihren Kindern!

Hallo!

Mein Name ist Sabine Lohf. Der Winter ist so schön, besonders wenn es geschneit hat. Ich liebe Schnee, genauso wie meine Hunde. Sie können es gar nicht erwarten, dass wir im Wald spazieren gehen! Die Welt sieht aus wie mit Puderzucker bestreut und wirkt so geheimnisvoll.

Auch die Vorweihnachtszeit hat etwas Magisches. Das Warten auf Weihnachten, die Lichter und Kerzen in den Häusern, der Duft von Tannenzweigen. Schon als Kind habe ich die gemütlichen Nachmittage in der Dämmerung bei Kerzenschein geliebt. Gemeinsam mit Freunden und Geschwistern habe ich mit Nüssen gebastelt, Sterne und Engel aus Goldpapier ausgeschnitten und mit meiner Großmutter Plätzchen gebacken.

Später habe ich in Berlin Kunst studiert und bei einer Zeitschrift für Eltern und Kinder gearbeitet. Dort habe ich neben Illustrationen auch viele Bastelideen entwickelt und fotografiert. Später sind daraus Bücher entstanden. Und solche Bücher gestalte ich bis heute.

Weil ich so viel Spaß an der Natur und am Gestalten mit verschiedenen Materialien habe, probiere ich immer wieder etwas Neues aus, diesmal in diesem Winterbuch. Ich wünsche mir, dass es vielen Kindern genauso geht.

Vielleicht ja auch dir?

Ebenfalls erhältlich:

ISBN 978-3-8369-6007-6

ISBN 978-3-8369-6135-6

ISBN 978-3-8369-6085-4

Alle meine Bücher und Projekte findest du unter www.sabine-lohf.de